YAHVÉ,

MI PASTOR Y MI REY

PASTOR RUBEN JOSEPH

"Yahweh, Mi Pastor y Mi Rey" es la traducción española a del título original "Yahweh, My Shepherd and My King", escrito por Ruben Joseph. Esta traducción ha sido realizada íntegramente, con su permiso formal y legal y a su servicio, por Eddy Fleury, bajo los auspicios de BUTLAP (Bureau de la Langue et de la Pensée : *Oficina de Lengua y del Trabajo del Pensamiento*).

Para solicitar copias adicionales de este libro, comuníquese con:
Xlibris 844-714-8691
www.Xlibris.com
Pedidos@Xlibris.com

ISBN: Tapa blanda: 978-1-6641-8845-7
        Libro electrónico: 978-1-6641-8844-0

Imprimir información disponible en la última página

Rvdo. fecha: 29/12/2021

CONTENIDO

AGRADECIMIENTOS

**Bendeciré al Señor en todo momento, y su alabanza
estará de continuo en mi boca. (PS. 34: 1)**

Mi mayor gratitud y agradecimiento a Yahvé (YHWH) por darme vida, mantenerme vivo y recibirme como suyo. Dar mi vida mil veces para ser sacrificada por Él sería inadecuado para siempre para expresar quién es Él para mí o pagarle por lo que ha hecho por mí. Él es mi Pastor y yo soy por siempre Sus ovejas. ¡¡¡Amén!!!

Le dedico este libro a mi maravillosa esposa, la Dra. Kédare Joseph, y a mis dos princesitas, mi orgullo y alegría, Belle y Ruby. Gracias por ser mi roca y mi inspiración. Los amos a todos con todo mi ser.

A mi papá, Tercius, mis hermanos y hermanas Myrline, Stephenson, Nelcie, Judeson, Lunide, Louisenie y Billy, y todos mis familiares, gracias por sus oraciones y apoyo. ¡Los amo chicos!

A todos mis amigos cercanos que han estado de mi lado en las buenas y en las malas, gracias por sus invaluables contribuciones en mi vida. Siempre estaré en deuda contigo.

Un agradecimiento especial al Dr. Martin Klingbeil, el Dr. Clifford y la Dra. Josie Laguerre, la pastora Margaret Kartwe, el élder Kerby Levasseur, el comisionado Jean Monestime, el élder Caleb Buisson, el pastor Philips Mompremier, "Mi Anciano" Lincoln Wray, Collin y Dawn Williams, élder Charles Cammack, hermano Jean Germeil y todos aquellos que han invertido en mí a lo largo de los años. ¡Que Dios los bendiga ricamente a todos!

Reconocimiento especial: Dr. Allan Machado, Dr. Jose Joseph, Dr. Conrad Duncan, Pastor Nicolas Louis, Dr. Gervon Marsh, y Pastor Garry Gordon, y Pastor Joseph Mondesir por su apoyo a nivel de contacto para la traducción.

Por la traducción al español, un agradecimiento especial al pastor Eddy Fleury (de la firma BUTLAP (Oficina de Obras del Lenguaje y el Pensamiento)

PREFACIO

Martín Lutero, el reformador protestante alemán, comentó una vez sobre el Libro de los Salmos: "El salterio debería ser un libro precioso y amado, aunque sólo sea por esta: promete la muerte y resurrección de Cristo con tanta claridad, e ilustra Su reino y las condiciones y la naturaleza de toda la cristiandad, que bien podría llamarse una pequeña Biblia. En él se comprende de la manera más bella y breve todo lo que hay en toda la Biblia". (Martín Lutero, "Prefacio al Salterio", LW 35, p. 254)

Si de hecho el Libro de los Salmos resume toda la Escritura, es el Salmo 23 dentro de este libro el que, como ningún otro de sus 150 poemas, captura a través de sus bellas imágenes la quintaesencia de los Salmos: Yahvé, mi Pastor y mi Rey. Este salmo davídico es, con mucho, el poema más conocido, más memorizado y recitado del salterio. Sin embargo, a veces la familiaridad engendra desprecio o, peor aún, indiferencia y si bien podemos conocer tan bien un texto, o, mejor dicho, porque conocemos tan bien un texto, su significado corre el peligro de desaparecer detrás de las recitaciones y convertirse en mera liturgia.

Este libro intenta una nueva mirada a las imágenes del Salmo 23, identificando las dos metáforas guía (¡plural!) Del divino Pastor y Rey que no solo reflejan la propia historia de vida de David, sino que al mismo tiempo apuntan hacia Jesucristo como nuestro Pastor. y Rey. Ruben Joseph atrae nuestra mirada y nuestra mente hacia un nuevo compromiso con el texto del poema, que con suerte nos ayudará a seguir a nuestro Divino Pastor por aguas tranquilas y verdes pastos, pero también a través de valles de muerte, hasta que entremos en el palacio de nuestro Divino. Rey, donde se colocan las mesas del banquete, se lleva a cabo la curación y una copa sin fondo de misericordia nos espera para siempre.

Martin G. Klingbeil, D. Litt.

Profesor de Estudios del Antiguo Testamento y del Antiguo Cercano Oriente

**Universidad Adventista del Sur Escuela de Religión
(Southern Adventist University)**

"El Salmo 23 es una obra maestra eterna llena de espléndidas imágenes bucólicas y pintorescas".

INTRODUCCIÓN

Los estudiosos críticos sugieren que todos los salmos se originaron en un contexto de culto. Tienen las mismas estructuras que el Pentateuco: oraciones, celebraciones, himnos y lamentos. El Salterio hebreo presenta un modelo de oración atemporal para todas las generaciones. La veracidad de tal noción está particularmente incorporada en el Salmo 23:

El señor es mi pastor;

Nada me faltará.

En verdes pastos me hace descansar;

Me conduce hacia las aguas tranquilas.

El restaura mi alma;

Me lleva por sendas de justicia

Por amor a Su nombre.

Sí, aunque camino por el valle de sombra de muerte,

No temeré ningún mal;

Porque tú estás conmigo;

Tu vara y tu cayado me infundirán aliento.

Preparas una mesa delante de mí en presencia de mis enemigos;

Unges mi cabeza con aceite;

Mi taza se derrama.

Ciertamente el bien y la misericordia me seguirán
Todos los días de mi vida;
Y habitaré en la casa del Señor
Para siempre.

"El Salmo 23, según los eruditos de hoy, es el pasaje más conocido en todo el Antiguo Testamento (AT), tanto por cristianos como por no cristianos, y probablemente el más amado de todo el Salterio.

Recuerdo el Salmo 23, al crecer, como el primer salmo que mis hermanos y yo aprendimos y memorizamos. Otros salmos como los Salmos 1, 5, 27, 46, 91, 92 y 121 también eran populares en nuestro hogar, pero el Salmo 23 era, sin duda, el más recitado durante la adoración familiar, especialmente cuando teníamos prisa.

Coincidentemente, mi primer sermón, que mi difunta madre preparó para mí y me enseñó, se basó en el Salmo 23. Este hermoso poema fue, y sigue siendo para mí, el epicentro del Libro de los Salmos.

Su atractivo radica en la sencillez de su formación y su belleza poética al tiempo que emana una serena confianza"[1]. El Salmo 23 es una obra maestra eterna llena de espléndidas imágenes bucólicas y pintorescas que transportan la imaginación mucho más allá de las circunstancias actuales.

---

1 Erwin Blasa y Clarence Márquez, "Hacia una espiritualidad de 'pastor': la aplicación de la imagen de la oveja y el pastor en el Salmo 23 a la formación del seminario en Filipinas". Philippiniana Sacra 45, no. 135 (Septiembre de 2010): 610–70.

El Salmo se recita en las principales películas cinematográficas y en momentos reales de angustia: funerales, memoriales, turbulencias y, por supuesto, en las iglesias, como parte litúrgica del culto. A menudo se usa como si fuera una oración mágica que automáticamente solucionaría un problema, ya sea en el ámbito del consuelo, la guía o la liberación.

Vale la pena notar que la potencia del Salmo no radica en su autor ni en la belleza de su disposición, sino más bien en Aquel a quien apunta el Salmo: el Pastor.

Los eruditos bíblicos organizan el libro de los Salmos en diferentes categorías.

Herman Gunkel, en su libro The Psalms (los salmos): A Form-Critical Introduction (Una introducción de forma crítica), clasifica el Salmo 23 en la subcategoría de los "Salmos de la confianza". "Estos salmos", señala, "reformulan los salmos de lamento y cambian su enfoque hacia una expresión de confianza y seguridad . . . A menudo hablan de Yahvé en tercera persona"[2]. Sin embargo, he observado que el Poema comprende metáforas intencionales de las que se pueden inferir imágenes reales. Además, Gottfried Voigt señala que el título pastor apunta a la realeza de Jesús, ya que es una noción muy extendida en el Cercano Oriente que el oficio de pastor se considera una figura del dominio real[3].

Es muy importante darse cuenta de que, a diferencia de la metáfora del pastor, la metáfora del rey y la hueste a menudo se olvida o se omite por completo en el poema. Muchos escritos académicos, señala Philip Nel J., se centran principalmente en las "expresiones metafóricas que involucran al pastor y están asociadas con Dios, por lo tanto. . . Dios es [visto como] un pastor"[4].

---

2 Hermann Gunkel, The Psalms: A Form-Critical Introduction, trad. Thomas M. Horner (Tubinga: Fortress Press, 1967), pág.10.

3 Gottfried Voigt, "El Cristo que habla en su oficina real". Concordia Theological Monthly 23 (1952): 161–75.

4 Philip Nel J., "Yahweh es un pastor: metáfora conceptual en el Salmo 23". Horizontes en la teología bíblica 27 (2005): 79–103.

Erwin Blasa y Clarence Márquez explican que algunos están satisfechos con "la figura de Jesucristo como Pastor de la iglesia. . . [y aún, otros] proponen una posible aplicación de la imagen de la oveja y el pastor en el Salmo 23"[5].

También debe tenerse en cuenta que el propósito de este libro no es negar la interpretación del pastor, ya que el Salmo, de hecho, incluye imaginaciones de pastores.

La dirección de este manuscrito es ofrecer un avance de pensamiento a la mente ya saciada, al señalar el lenguaje real deliberado inscrito en el Salmo. Mi motivación para escribir este artículo proviene de mi propia experiencia con Cristo como mi Señor y Rey, y la creencia de que David tenía la intención de que la metáfora del pastor fuera reconocida como una contraparte de la metáfora del rey y la hueste, que él presenta más adelante en el Salmo, estableciendo una imagen completa de cómo ve a YHWH.

El Señor cuida tiernamente a Sus hijos como un pastor a sus ovejas, y, sin embargo, Él reina supremo sobre el rebaño como Aquel que tiene la autoridad final sobre su bienestar y destino.

Mi enfoque del Salmo 23 para el propósito de este libro es más exegético y expositivo que abarca contextos históricos, culturales y modernos de sus metáforas, al tiempo que demuestra el cambio de paradigma intencional del autor de la metáfora del pastor a la imaginería real inscrita en el Salmo.

---

5 Erwin Blasa y Clarence Márquez, "Hacia una espiritualidad de 'pastor': la aplicación de la imagen de la oveja y el pastor en el Salmo 23 a la formación del seminario en Filipinas". Philippiniana Sacra 45, no. 135 (septiembre de 2010): 610–70.

"El pastoreo jugó un papel central en la vida de los israelitas como sociedad pastoral".

SECCIÓN UNO

CAPÍTULO UNO — LA METÁFORA DEL PASTOR

A partir del encabezado del Salmo 23, la autoría davídica se hace explícita. Es un hecho bien conocido que el mismo David era pastor y rey. Su experiencia en el cuidado de personas y ovejas le permitió comprender mejor el deber de un pastor.

No obstante, Jacqulyn Thorpe Brown nos permite entender que, aquí "en el Salmo 23, David no habla como el pastor, aunque era uno, sino como una oveja, como uno más del rebaño"[6]. Por lo tanto, más que una explicación de YHWH, el Salmo es una experiencia con YHWH.

Comienza con una exclamación:

"El Señor es mi Pastor" (v. 1a).

Esta declaración se convierte en el motor sobre el que corre el resto del Salmo. Todas las demás declaraciones que siguen estarán relacionadas con quién es el Pastor.

---

6 Jacqulyn Thorpe Brown, "Salmo 23: Un remezcla". Revista de Pensamiento Religioso 59/60, no. 1/2, 1 (enero de 2006): 165–79.

La esperanza, la confianza, la expectativa y la exultación sólo son posibles cuando el Pastor ha demostrado ser confiable. A medida que las ovejas se familiarizan cada vez más con tal pastor, naturalmente expresará confianza en ese pastor.

Por lo tanto, la potencia del Salmo se vuelve contingente a la competencia del Pastor.

El autor usa la palabra pastor para describir a YHWH. ¿Por qué pastor?

Según las narraciones del Antiguo Testamento, el pastoreo era una ocupación predominante para los israelitas. Abraham, Moisés, David y el profeta Amós fueron todos pastores. La esquila anual en Israel fue un evento digno de la atención real (2 Sam. 13: 23ff).

Génesis 47: 3 registra la respuesta de los hijos de Jacob al interrogatorio de Faraón sobre su ocupación: "Tus siervos son pastores".

El pastoreo jugó un papel central en la vida de los israelitas como sociedad pastoral. Esa ocupación fue vista favorablemente ya que la ofrenda de Abel, el pastoreo, fue recibida por YHWH. En contraste, YHWH rechazó la oferta de cultivos de su hermano Caín.

Cuando el antiguo lector leyó el Salmo 23, imaginó al pastor cuidando ovejas y guiando a su pueblo. Jørn Varhug observa que cuando San Jerónimo tradujo el Salmo 23: 1 con "Dominus Regit me", el Señor me gobierna, probablemente estaba más cerca de la primera lectura que cuando más tarde lo traduce "Dominus pascit me", es decir, el Señor pasto yo, aunque pascit es una traducción más directa del hebreo רֹעִי (pasto)[7].

---

[7] Jørn Varhaug, "El declive de la metáfora del pastor como autoexpresión real1". SJOT: Diario escandinavo del Antiguo Testamento 33, no. 1 (Mayo de 2019): 16–23.

En otros términos, la implicación de ser un "pastor" es mayor que su definición: quién es el pastor excede lo que hace el pastor. Su reputación le precede, y Su carácter es la base de su reputación.

YHWH es todo-sabederoso y todopoderoso. Él podría abusar de Su poder, y maltratar a Sus ovejas si él quisiera, y no habría otro poder lo suficientemente fuerte como para contender con Él.

Sin embargo, Él no abusa de Su poder para maltratar a Sus ovejas porque eso simplemente no es Lo Que Él es.

Ser pastor requiere fuerza, poder y dominio; y cómo se exhiben estas características en relación con las ovejas es crucial. Esto es especialmente cierto cuando se trata de YHWH y Su pueblo.

En el antiguo Cercano Oriente, el papel y el título de pastor se usaban para los líderes como una descripción de su relación con las personas a su cargo. Metafóricamente, "pastor" adquirió cada vez más una connotación real específica, especialmente en la era anterior al exilio.

"Los dioses y reyes fueron etiquetados como el pastor de su pueblo. Ambos descritos y retratados con maza (vara) y cayado de pastor (bastón) como insignias del cargo"[8] (Ampliaré más sobre eso en el versículo cuatro). Incluso Ezequiel e Isaías describen la imagen de YHWH como "el fuerte" y "como un pastor", refiriéndose a Su realeza (Ez. 34; Is. 40: 9-11)[9].

---

8 James Mayes Luther, Psalms-Interpretation-A Bible Commentary for Teaching and Preaching (Louisville: John Knox Press, [1994]), 117.

9 Daniel Muthunayagom Jones. "La imagen de Dios como Rey y la naturaleza de su poder en el Antiguo Testamento". Foro Teológico de Bangalore 41, no. 2 (2009): 29–48.

Incluso en la sociedad moderna, el término pastor describe posiciones de liderazgo, como reyes, pastores, maestros y similares, aunque se usa más exclusivamente para pastores.

En español, la palabra que describe a una persona que cuida de las ovejas se traduce en "pastor".

Muchos de mis congregantes me llaman "pastor". Los que me llaman pastor implican que me reconocen como el que está a su cargo, después de Dios. Por lo tanto, es evidente que el pastor gobierna a las ovejas. Sin embargo, la forma en que el pastor gobierna sobre las ovejas determina el fracaso o el éxito y el tipo de pastor que es.

ORAR EN EL SALMO 23

Oración # 1

Yahvé es mi Pastor,

El es todo lo que necesitaré;

Yahvé es mi Pastor,

De ahora en adelante, no me inquietaré.

NOTES

NOTES

CAPÍTULO DOS — LA POSICIÓN DEL PASTOR

Concluí el capítulo anterior con la noción de que el pastor gobierna sobre las ovejas. La metáfora del pastor en el Salmo 23, sin embargo, denota más que YHWH gobernando sobre Su creación. La alegoría implica más bien una figura autorizada que también es capaz de brindar cuidados íntimos y tiernos. Desde el principio, David reconoce a YHWH como su Pastor, denotando que Él es quien lo cuida; el que posee la satisfacción y la provisión para atender sus necesidades.

La imagen del pastor, señala el Dr. Martin Klingbeil, es una "que recorre la Biblia como una hermosa imagen del cuidado y la provisión de Dios con un matiz mesiánico"[10]. Jesús confirma ese punto de vista en Juan 10:11 cuando dice: "Yo Soy el buen Pastor, y el buen Pastor Su vida da por sus ovejas". Un mercenario deja la oveja desatendida, pero el buen Pastor da su vida por la oveja. Habiendo tenido un entendimiento tan claro de la clase de pastor que es YHWH, David expresa total confianza en el Señor como su Pastor, Aquel en Quien debe confiar incluso en la situación más difícil.

Habiendo reclamado a YHWH como su Pastor, David comienza a expresar su profusión, así como su expectativa de Él, al decir:

---

10 Martin Klingbeil G., "Salmo 23". Comentario Bíblico Internacional Adventista del Séptimo Día [impreso].

"No voy a querer" (v. 1b).

La palabra hebrea traducida como "querer" es אֶחְסָר (echsar), que significa carecer, disminuir, privar o despachar.

Una traducción más sensata, sin embargo, sería no me falta nada, o no me falta nada; como señala David Clines, "claramente el enfoque de los vv. 1-5 está en la experiencia del hablante en el presente"[11]. Sin embargo, dado que el verbo está en su forma imperfecta, se puede justificar una traducción en tiempo futuro.

El uso de tal lenguaje en el texto sugiere que David estaba experimentando con gratitud una sensación de satisfacción presente en retrospectiva de sus tratos pasados con YHWH, lo que le dio la confianza de asumir un futuro asegurado en Él.

Por lo tanto, mientras David disfruta de una vida agradecida, el presente ya no se vive en la consternación, sino en la convicción, en la contemplación de las condiciones pasadas. Y debido a que YHWH ha demostrado ser fiel en el pasado, se puede confiar en Él para el futuro. La declaración "nada me faltará", entonces, se convierte en un concepto fluido que viaja del pasado al presente y al futuro, con la seguridad de que venga lo que venga, uno no debe preocuparse porque YHWH permanecerá siempre fiel.

Mi Experiencia Personal con Yahvé

Era el año 2010 y me embarqué en una empresa que cambiaría mi vida para siempre. Yo era el fundador y director ejecutivo de una empresa de promoción cristiana llamada "Leap of Faith Entertainment" (LFE), (entretenimiento salto de fe), y planeaba producir el concierto cristiano más grande del año en mi comunidad.

---

11 David Clines J. A., "El Señor es mi pastor en Asia oriental y sudoriental". Sino-Christian Studies (junio de 2006): 37–54.

Se hicieron los planes y se fijó la fecha. Sería el 10 de octubre de 2010, de ahí el lema, "10.10.10".

Queríamos albergar la flor y nata de la cosecha; la crème de la crème de artistas locales, con la adición de un Coro Africano de Cien Voces que vendría de fuera de la ciudad. No hace falta decir que los gastos fueron enormes.

Debido a que LFE estaba en su etapa inicial, se adquirieron muy pocos respaldos financieros. Confiamos mucho en las iglesias locales para financiar este megaconcierto. Avance rápido dos semanas antes del programa, las iglesias en las que más confiamos fracasaron: bloques enteros de boletos nos fueron devueltos en perfectas condiciones.

¡Ninguno vendido!

Inmediatamente caí en la desesperación. Estaba en tal estado de depresión que una vez, después de levantarme de la cama, caí involuntariamente de espaldas sobre la cama. Fue entonces que miré hacia el techo con desesperación y le hablé a YHWH: "¡Señor!" Le imploré, "si permites que este concierto sea un éxito, ya no dudaré de ti sobre nada más en mi vida". Instantáneamente, recuperé mis fuerzas y seguí mi camino.

Con mucha gratitud, estoy encantado de testificarles que "**10.10.10**" fue uno de los logros más significativos de mi vida. Tuvimos un concierto con entradas agotadas con más de 2500 asistentes, y la sección VIP que cuesta $ 100 por persona, se agotó primero. ¡Aunque el espectáculo fue costoso, generamos suficientes ingresos de la venta de entradas para salir de este esfuerzo libre de deudas!

Basado en esa experiencia, cada vez que me llega el momento de dudar de mi fe en Dios, dudo de mis dudas y sigo creyendo lo que creo.

Como David, debido a mi experiencia personal con YHWH, incluso ahora, puedo exclamar en medio de mis pruebas, "¡nada me faltará!" Por lo tanto, debido a que mi Pastor ha demostrado ser digno de confianza en el pasado, confío en Él para el futuro.

Es beneficioso comprender que David no se está refiriendo simplemente a las riquezas materiales al decir "nada me faltará" o "no me falta nada". Por el contrario, creo que David tuvo la intención de señalar que muchas de las bendiciones que se otorgan a aquellos que son pastoreados por YHWH no son necesariamente riquezas tangibles. Estos beneficios trascienden los dominios tangibles y se manifiestan y experimentan exclusivamente a través de la presencia del Señor.

No hace falta decir que "este Pastor atiende tanto a las necesidades físicas de las ovejas como al alma"[12].

Como un joven israelita que pasó por el ritual de Bar Mitzvá, ciertamente a David le enseñaron las crónicas de sus antepasados cómo durante cuarenta años YHWH los cuidó, y "no les faltó nada" (Deut. 2: 7); Me imagino que a David también se le enseñó acerca de sus antepasados que esperaban con ansias la Tierra Prometida en la que Dios predijo que "nada les faltará" (Deut. 8: 9).

Al principio, David parecía haber captado con bastante claridad la implicación del pastor como proveedor. En su día, se entendió igualmente que el rey que sostenía el cetro como insignia de la realeza asumía la responsabilidad de proteger y mantener al pueblo. En consecuencia, David está diciendo que debido a que el Señor es su Pastor, no le faltará nada de lo que necesita.

12 Dianne Bergant, Salmos 1-72, vol. 22. Comentario bíblico de New Collegeville, Antiguo Testamento, (Collegeville, Minnesota: Liturgical Press, [2013]), 21.

Es imperativo darse cuenta de que reclamar a YHWH como el Pastor personal de uno no es exclusivo de David. Una relación pastor-oveja está disponible para CUALQUIERA que desee buscar una conexión con el Señor.

Cualquiera que sea su nacionalidad, su origen étnico, su estatus legal o social, su creencia religiosa actual o la falta de ella, usted es elegible para una relación de pacto con el Señor.

Como se dice en Gálatas 3: 26-29,

> "Porque todos sois hijos de Dios por la fe en Cristo Jesús.
> Porque todos los que fueron bautizados en Cristo, se han revestido de Cristo.
> No hay judío ni griego, no hay esclavo ni libre,
> No hay ni hombre ni mujer; porque todos sois uno en Cristo Jesús.
> Y si eres de Cristo, entonces eres la simiente de Abraham,
> y herederos según la promesa".

Además, Jesús, el buen Pastor, prometió en Juan 6:37: "Todo lo que el Padre me da, vendrá a mí; y al que a mí viene, no le echo fuera". Por lo tanto, todos aquellos que confían en YHWH, como David, pueden reclamar con confianza al Señor como su Pastor.

ORAR EN EL SALMO 23

Oración # 2

Yahvé es mi Pastor,

Mi carga ha sido transportada;

Yahvé es mi Pastor,

No estoy preocupado por nada.

NOTES

NOTES

"Me hace descansar
en verdes pastos;
Junto a las aguas
tranquilas me lleva".

CAPÍTULO TRES — EL LIDERAZGO DEL PASTOR

Como poeta, David usa lenguaje e imágenes estéticos, señalando lugares clave y otros accesorios para evocar percepciones teológicas cruciales del liderazgo del pastor.

"Me hace descansar en verdes pastos; Junto a las aguas tranquilas me lleva" (v. 2).

Aquí, David enfatiza la gracia y la guía del Señor como la base fundamental para la bondad. YHWH lleva al rebaño a pastos verdes para pastar y descansar mientras rumia, y luego baja a agua potable calmada para saciar su sed.

En un sentido más profundo, los *pastos verdes* indican provisión y prosperidad, mientras que las aguas *inmóviles* apuntan a un estado pacífico. Así como Dios provee para cada una de nuestras necesidades, Él también asegura nuestra paz mental. Ya no necesitamos volvernos ansiosos por los cuidados de esta vida, porque Jehová Jireh cumple nuestros deseos y, al hacerlo, elimina nuestras preocupaciones.

La guía del Señor va más allá de la providencia a la moralidad. Al proporcionar lo mejor para el rebaño, el Pastor los conduce a la moralidad y la dignidad. Tienen buenas razones para confiar en su liderazgo. Mientras que los pastores terrenales pueden desviar a sus ovejas, el divino Pastor bondadoso solo conducirá a su rebaño a paisajes abundantes donde encontrarán sustento físico, descanso y paz mental.

¡Qué excelente de Pastor es YHWH! ¡Qué Gobernante tan amable y reflexivo es Él! ¿No es Él digno de ser alabado? ¿No es Él digno de ser amado y adorado?

No sólo Él se preocupa por nuestro estado físico y espiritual, sino que también se preocupa por nuestro estado mental. Nuestra dignidad le importa; nuestra paz mental es de gran interés para Él. Por esta razón, Él hará un camino donde parece que no hay manera para todos los que eligen estar bajo Su cuidado.

¡Aleluya! ¡A Él sea todo el honor y toda la gloria!

"Él restaura mi alma" (v. 3a).

La palabra hebrea para restaurar se deriva de la raíz verbal שׁוּב *(shoov)* que significa devolver a la condición ideal.

Algunos eruditos fechan el Salmo 23 desde cuando el rey Saúl perseguía a David. Tomado en este contexto, ese período de tiempo habría sido un momento de gran angustia para David. La nefasta persecución de Saúl seguramente traería problemas al alma de David dejándolo exhausto y agotado; y mientras YHWH lo conducía a lugares donde podía comer, beber y descansar, su fuerza se renovó y se animó para seguir adelante.

En este contexto, se puede concluir que el liderazgo de Dios ha demostrado ser salvífico en el sentido de que Él restauró su vida a un estado aún mejor que antes. Así, David reconoce que cuando su alma estuvo en peligro, Jehová fue quien lo restauró a la condición ideal.

La Esperanza de Restauración Para Hoy

Al vivir en nuestro mundo de hoy, no se puede olvidar el desánimo y la desesperación que provocan las vicisitudes de la vida y la precariedad de nuestro tiempo.

¿Quién puede olvidar la confusión mundial que experimentó nuestro mundo en 2020 y que sangró incluso en 2021?

¿Quién, independientemente de la postura política, no está desconcertado o perplejo al ver el caos total causado por los alborotos y los disturbios políticos en toda la Tierra de los Libres y en otros lugares?

¿Quién no clama por la misericordia de Dios cuando ve todos los videos de desastres globales en las redes sociales que ocurren a diario?

¿Quién no está alarmado por el resultado de la plaga mortal de COVID-19 que parece haber erradicado la normalidad de la vida?

Tantas restricciones: el cierre de iglesias, restaurantes y lugares de ocio favoritos; tantas pérdidas, muertes sin precedentes; familias enteras arrasadas; muchas quedan en bancarrota financiera, tal vez enfrentando el desalojo de su hogar; muchos quedan huérfanos, viudos; y los científicos predicen mucho más por venir.

Cada uno de estos eventos antes mencionados es más que suficiente para hacer que uno entre en pánico; peor aún, muchos se ven afectados por una combinación de ellos.

Quizás, usted u otras personas que conoce se han visto personalmente afectadas de más de una manera, y se siente como si lo hubieran dividido en mil pedazos inconfundibles.

Sería muy beneficioso para usted, a pesar del dolor que pueda estar experimentando, recordar que la restauración todavía está disponible hoy para aquellos cuyo Pastor es YHWH. ¿Es YHWH tu pastor? ¿Necesita restauración? Confiar en Él es un comienzo apropiado hacia su completa restauración. ¿Por qué no empezar hoy?

NOTES

"Cuando YHWH, el Pastor, está liderando, incluso cuando las sendas de justicia no parezcan correctas a los ojos de las ovejas, SIEMPRE conducirán al destino previsto."

CAPÍTULO CUATRO — EL CARÁCTER DEL PASTOR

"Me guiará por sendas de justicia" (v. 3b).

a palabra hebrea original צֶדֶק (tseh'-dek) traducida como justicia evoca un sentido de lo que es éticamente correcto, lo que lleva a un final perfecto.

Una mejor traducción con respecto a las ovejas sería "caminos correctos".

Los caminos correctos, observa Clines, "solo pueden ser los caminos correctos a juicio del pastor como mejores para las ovejas. Y eso debe significar: senderos que conducen a comida y agua, incluso si atraviesan un valle oscuro (v.4)"[13].

Aquí está en juego el carácter del pastor. Un pastor que lleva a sus ovejas a comer, beber y descansar es un buen pastor.

YHWH conduce por sendas de justicia porque es justo. Sus obras justas no se derivan de su posición, sino de su propia justicia.

---

13 David Clines J. A., "El Señor es mi pastor en Asia oriental y sudoriental". Sino-Christian Studies (junio de 2006): 37David Adamo T., "Lectura del Salmo 23 en contexto africano". Verbum et Ecclesia 39, no. 1 (enero de 2018): 1–8.

Cuando YHWH, el Pastor, está liderando, incluso cuando las sendas de justicia no parezcan correctas a los ojos de las ovejas, SIEMPRE conducirán al destino previsto. Los caminos de Dios son precisos debido a Su carácter perfecto. No hay repercusión en los beneficios que disfrutan las ovejas porque provienen de una fuente pura y honorable.

"Por amor de su nombre" (v. 3c).

Las ovejas no son los animales más inteligentes. A veces eligen ir por el camino equivocado a pesar del esfuerzo directivo del pastor. Él todavía persigue a la oveja descarriada con la intención de traerlos de vuelta al redil.

Las acciones del pastor no dependen del mérito de las ovejas. Como dice David Adamo, "Yahvé decide proteger a Su pueblo, 'por amor de Su nombre', es decir, Su naturaleza, Su carácter santo, Su poder y todo lo que Yahvé es."[14] Eso explica por qué "hace salir su sol sobre malos y buenos, y que hace llover sobre justos e injustos" (Mateo 5:45).

---

14 David Adamo T., "Lectura del Salmo 23 en contexto africano". Verbum et Ecclesia 39, no. 1 (enero de 2018): 1–8. Dianne Bergant, Salmos 1-72, vol. 22. New Collegeville Bible Commentary, Old Testament, (Collegeville, Minnesota: Liturgical Press, [2013]), 22.

"Este tipo es uno de los que está marginado, el extraño del grupo".

Aun aquellos que no reconocen a YHWH como su Pastor son bendecidos por Él, sin embargo.

Él que maldice a YHWH, mientras exhala las palabras de su boca, está usando el mismo aire que Dios creó para hacerlo.

Él que rechaza a YHWH todavía es amado por Él.

Su amor por TODAS sus ovejas no fluctúa y Él tiene misericordia del rebaño no solo para proteger Su reputación, como algunos pueden asumir, sino porque Él está siendo consistente con Su propio carácter.

Dios se preocupa por las ovejas que permanecen en el redil como lo está por las pérdidas, y protege al rebaño de manera imparcial de los depredadores y peligros de cualquier tipo[15].

El profeta Isaías hizo una declaración acerca de las ovejas descarriadas: "Todos nosotros como ovejas", dice el Profeta, "nos hemos descarriado; hemos vuelto a cada uno por su propio camino; y el Señor cargó sobre él la iniquidad de todos nosotros" (Is. 53: 6). Así es YHWH, y esa es la clase de Dios a quien servimos.

¿Te sientes como una oveja perdida? Dios está preocupado por ti.

Cuando Isaías dice: "Todos nosotros, como ovejas, nos hemos descarriado", realmente significa que todos somos como ovejas. El acuerdo o desacuerdo de uno con este argumento no disminuye su veracidad. El hecho de que no nos creamos a nosotros mismos y que necesitemos ser guiados, cuidados y protegidos, nos hace a todos "como ovejas", porque tenemos la misma necesidad que ellos.

---

15 Dianne Bergant, Salmos 1-72, vol. 22. Comentario bíblico de New Collegeville, Antiguo Testamento, (Collegeville, Minnesota: Liturgical Press, [2013]), 21.-54.

Todos pertenecemos a una de las siguientes clasificaciones de ovejas: **Oveja Perdida, Oveja Negra** o **Oveja Segura.**

La **Oveja Perdida.** Esta categoría incluye a las ovejas que se han alejado del rebaño por cualquier motivo y no pueden encontrar su camino. Ya sea que la oveja deambule por su propia voluntad, o por influencia o ignorancia, todavía necesita ser rescatada.

La **Oveja Negra.** Este tipo es uno de los que está marginado, el extraño del grupo. El término oveja negra proviene del color negro del vellón de una oveja que no se puede teñir como las otras que son más comunes de blanco y, por lo tanto, se consideran menos valiosas. Este tipo de oveja se mira menos favorablemente y es menos agradable. Se considera menos importante que otros y puede ser atacado injustamente por otro (uno del mismo redil o de otro dominio). También es necesario defenderlo.

Luego, está **Oveja Segura.** Esta es la categoría de oveja que sigue la guía del pastor y logra todo lo que se recomienda para su bienestar. Esa oveja también necesita ser sostenida por la guía, protección y provisión continuas del pastor para poder mantener ese estilo de vida.

La oveja perdida necesita ser rescatada, la oveja negra necesita ser defendida y la oveja segura necesita ser sostenida. Por tanto, ¿ve el sentido del argumento? ¿No somos todos nosotros? ¿No estamos todos en necesidad de ser rescatados, defendidos y sostenidos por YHWH?

¡Gracias a Dios! Él no es parcial en su trato con nosotros, ni es incapaz de producir cualquier cosa que nos falte. No solo tiene fuerza, sino que también posee un poder inequívoco para cambiar el curso de los acontecimientos a fin de que pueda cumplir todos sus deseos en nuestro nombre. Él está preocupado por todos nosotros, ya seamos una oveja perdida, una oveja negra o una oveja segura. ¡A Él sea toda la gloria!

ORAR EN EL SALMO 23

Oración # 3

Yahvé es mi Pastor,

Él es mi Esperanza y mi Estancia;

Yahvé es mi Pastor,

Y solo Él, siempre, sera mi Guia

NOTES

NOTES

"La mera presencia del pastor se convierte en la red de seguridad del rebaño".

CAPÍTULO CINCO — LA PRESENCIA DEL PASTOR

Las ovejas son mansas y apacibles, dóciles y hasta mudas. A menudo, otros animales feroces, como los lobos, buscan aprovecharse de su vulnerabilidad. Con la mera presencia del pastor, los feroces enemigos se mantienen alejados de las ovejas. La presencia del pastor es muy significativa para las ovejas.

El pastor habla a las ovejas mientras las guía por su camino. Ellos conocen su voz y él conoce la de ellos. Al escuchar la voz del pastor, las ovejas se dan cuenta de qué camino tomar, mientras que los atacantes saben que no es el momento adecuado para atacar. La mera presencia del pastor se convierte en la red de seguridad del rebaño.

La asertividad del pastor, que le permite saber cuándo las ovejas tienen hambre, están cansadas o heridas, les brinda consuelo. Las ovejas conocen sin duda la diferencia entre la presencia y la ausencia del pastor.

"Sí, aunque ande en valle de sombra de muerte" (v. 4a).

Algunos eruditos creen que el valle de sombra de muerte realmente existió. Ya sea que lo haya hecho o no, Gerald Wilson observa que "hay alguna evidencia de que en hebreo el uso de construcciones de palabras hiperbólicas como esta para experimentar lo superlativo, lo más extremo".

El valle ya es un lugar bajo, entonces la sombra expresa oscuridad y la muerte es el lugar definitivo de oscuridad. David presenta esta imaginería poética para señalar la cúspide de cualquier condición terrible.

En pocas palabras, cualquier situación que podría terminar en la muerte sin la intervención del pastor es un "valle de la sombra de la muerte" porque, en tal situación, la muerte podría verse o incluso sentirse en las sombras.

Esta terrible condición descrita como la "sombra de la muerte" también puede ser creada por un bloqueo de la presencia del pastor. Las sombras evocan los espacios que se forman cuando un objeto obstruye el paso de la luz. Cuando la presencia del pastor que representa la luz es bloqueada por cualquier objeto, prevalece la oscuridad.

YHWH no puede ser visto por aquellos pastores porque Él es Espíritu, y ellos son materia. Sin embargo, Él no tiene que ser visto para que Su presencia sea sentida. Él es visto a través de la manifestación de Su presencia. Aún, Su apariencia puede manifestarse, pero no ser percibida por las ovejas, si las ovejas están sumergidas en el pecado.

Ya que el pecado es un productor de engaño, división y desolación, uno puede decir que el pecado es la causa última de que las ovejas se sumergen en la sombra de la *muerte,* lejos del sustento de la presencia del Pastor.

"Nunca llevó su rebaño a donde no había estado antes. Siempre se había adelantado a mirar con cuidado el país".

35

David, usando este lenguaje hiperbólico, está enfatizando que su confianza radica en saber que el Señor permanece con él siempre. David esencialmente está diciendo que no importa cuán horrible u oscura pueda parecer la situación, desde la matriz de su experiencia pasada con YHWH, su confianza no flaqueará, porque YHWH, como su Pastor, no lo llevará a un lugar donde no haya estado Él mismo.

Esa noción se repite en el Salmo 139: 7-10,

> [7] ¿A dónde iré lejos de Tu Espíritu?
> ¿A dónde huiré lejos de Tu presencia?
> [8] Si subo al cielo, allí estás Tú;
> si bajo al reino de los muertos, estás allí;
> [9] si me elevo en alas de la aurora
> y me instalo en el confín del mar,
> [10] también allí me guía Tu mano,
> Tu diestra me controla. (BLP)

David, siendo pastor, conocía de primera mano las dificultades y peligros, así como las delicias de las caminatas por la campiña elevada. "Nunca llevó su rebaño a donde no había estado antes. Siempre se había adelantado a mirar con cuidado el país". Teniendo tal conocimiento sobre el pastoreo, el salmista fortalece su confianza en el Señor como su Pastor; y, en consecuencia, se siente seguro incluso atravesando el valle de sombra de muerte.

La Presencia del Pastor Produce Fe: Confianza en las Ovejas

"No temeré mal alguno" (v. 4b).

Esas dos palabras: miedo אֵרָא (*yare*) y malvado רָע (*ra*) merecen una pausa.

El miedo (אֵרָא), en sus diversas formas, aparece en 331 apariciones en el Antiguo Testamento. Significa una emoción desagradable, a veces fuerte, causada por la conciencia o anticipación del peligro. El miedo a menudo está marcado por un evento pasado o la ansiedad de lo desconocido. Por lo tanto, podemos definir el miedo como *una falta de confianza en los resultados futuros basados en experiencias pasadas;* y confianza en el resultado futuro, *esperanza*; y la esperanza, *el antídoto para el miedo,* especialmente la esperanza en YHWH, porque Él es Omnisciente y conoce el futuro desde el principio.

En una guerra o un duelo, el miedo puede ser una táctica predominante utilizada para atormentar al enemigo, ya que el miedo puede causar estados de ánimo siniestros a través de la ansiedad, la depresión, el desánimo, el estancamiento, lo que lleva a una derrota total. Por esta razón, YHWH constantemente advierte a su pueblo contra el miedo.

El mal (רָע) por otro lado, es angustia, miseria, calamidad, lesión o cualquier cosa que cause situaciones desagradables. El mal y el miedo van de la mano; y el mal de cualquier tipo puede ser un arma eficaz para infligir miedo. Sin embargo, David declara: "No temeré mal alguno", demostrando máxima confianza y total dependencia de YHWH. Solo una relación cercana con el Señor puede resultar en tal confianza frente al mal.

Esto recuerda la historia del rey Josafat, quien frente al mal amenazante de los países vecinos conspiradores, expresó una confianza similar en YHWH mientras oraba: "Oh Dios nuestro ... no sabemos qué hacer, pero nuestros ojos están puestos en ti" (2 Cr. 20:12). Aquí, "nuestros ojos están puestos en ti" realmente significa que nuestra esperanza está en ti. Este es el nivel de confianza en Dios que echará fuera todo temor.

"¡No Temeremos Mal!"

La Presencia del Pastor es Protección: Paz Espiritual Para las Ovejas

"Porque Tú estás conmigo" (v. 4c).

La presencia del pastor representa protección para las ovejas. Y aquí, una vez más, David expresa la bendición del Señor en la forma de Su presencia como un instrumento protector.

Su convicción se deriva del pacto entre YHWH e Israel, y, como señala Michael Goulder, también de "la promesa de que Dios estará con ellos es una expresión estándar de ese pacto, junto con la acusación de no temer."[16]

La presencia de Dios ha sido explícita en las Escrituras como la razón por la cual los israelitas no tenían ninguna razón para tener miedo.

A Jacob YHWH le dijo: "He aquí, yo estoy contigo y te guardaré dondequiera que vayas" (Génesis 28:15). A los hijos de Israel, les declaró: "En los últimos cuarenta años, el Señor ha estado con ustedes" (Deut. 2: 7); "No les tengas miedo; porque el Señor tu Dios está contigo" (Dt. 20: 1); "No temas, porque yo estoy contigo" (Is. 41:10). Una y otra vez, se expresa que la protección de Israel depende de la presencia de Dios. David también cree que su propia liberación en peligro descansa únicamente en la presencia de YHWH.

Un amigo mío de Malawi, África oriental, contemporáneo de mi esposa, explica cómo solía tener miedo de la oscuridad cuando era pequeño. La sensación sombría y obscura de la oscuridad de la noche lo aterrorizó. Sin embargo, una vez que alguien más le sostiene la mano, se siente seguro, aunque no puede verlos físicamente.

---

16 Michael Goulder, "David and Yahweh in Psalms 23 and 24." Revista para el estudio del Antiguo Testamento 30, no. 4 (Junio de 2006): 463–73. Ron Tappy E, "Salmo 23: Simbolismo y estructura". The Catholic Biblical Quarterly 57, no. 2 (Abril de 1995): 255–80.

Esto improvisado explica aún más que lo que mi amigo teme más que la oscuridad es estar **solo** en la oscuridad. Por una vez que experimenta la presencia de alguien más con él, el pavor de la noche desaparece.

Dios el Padre, queriendo asegurar a los creyentes de hoy que Él todavía está con nosotros, nombra a Su Hijo unigénito "Emmanuel," Dios con nosotros (Is. 7:14; Mat. 1:23). Es esa misma presencia la que obliga al apóstol Pablo a plantear la pregunta: "Si Dios está por nosotros, ¿quién contra nosotros?" (¿Εἰ ὁ Θεὸς ὑπὲρ ἡμῶν τίς καθ ᾽ἡμῶν? Rom. 8:31).

La preposición ὑπέρ (hoo.per) en griego, significa más; más allá; en nombre de; por el bien de o concerniente. Por lo general, se traduce mejor para mejorar o aprovechar, o tener un sentido de interés en. Sin embargo, también puede significar, en el lugar de o en lugar de.

En esencia, la noción de que Dios está con nosotros va más allá de que Él esté por encima de velar por nosotros; Él está realmente con nosotros y, para nuestro mejoramiento; Está dispuesto a actuar en nuestro lugar en tiempos de problemas.

19 de Marzo de 2008

Yo solía ser un conductor de limusina. Conduje principalmente localmente en el área metropolitana de tres condados del sur de Florida. Sin embargo, una vez, tuve que transportar un vehículo desde Indiana de regreso al sur de la Florida.

Mi jefe en ese tiempo y yo volamos a Indiana, y el mismo día, recogimos los vehículos que íbamos a conducir respectivamente, de vuelta hacia el sur. Él conducía una limusina de diez personas mientras yo conducía un SUV Ford Expedition. Él siguió adelante, y yo seguí. Dormimos un poco a un lado de la carretera, pero condujimos la mayor parte de la noche y continuamos al día siguiente.

A media tarde, mientras pasaba por un área cerca de la Universidad de Florida (UF) en Gainesville, de repente escuché un ruido súper fuerte como una gran explosión. Todo lo que recuerdo fue que mi vehículo se salió de la carretera y se dirigió a los árboles en el bosque. Estando en estado conmocionado por el trauma, todo lo que seguí pronunciando fue: "¡O! Dios. ¡O! Dios. ¡O! Dios". En ese momento, pensé para mí mismo: "¡Esto es todo! Seguramente iré a mi tumba hoy".

Mientras tanto, el coche seguía girando mientras yo seguía llorando al Señor. Finalmente, el vehículo chocó con un árbol y se detuvo.

Para mi gran asombro, salí del vehículo con solo un bulto en la cabeza por golpearlo en el techo del automóvil.

Si bien el coche fue una pérdida total, yo estaba totalmente a salvo. ¿Por qué?

Porque YHWH, Mi Pastor, estaba conmigo. Sus poderosas manos agarraron la mía, y el Pastor Protector me llevó con éxito a un lugar seguro.

Más tarde me enteré de que una joven estudiante que buscaba la universidad vio que estaba a punto de perder la salida, y rápidamente cambió de carril sin prestar mucha atención a mi coche junto al suyo. Golpeó el guardabarros trasero del vehículo por accidente, y el guardabarros se bloqueó en la rueda trasera de la Expedición, lo que lo hizo inmanejable.

La forma en que ocurrió el accidente, ¡debería haber sido el final de mí! Debería haber caminado por el valle de la sombra de la muerte, para no volver nunca a este lado de la historia. Pero Dios tenía mejores planes para mi vida.

El 19 de marzo de 2008, que podría haber sido el final de mi viaje aquí en la tierra, se convirtió en un Día de los Caídos para cuando YHWH caminó conmigo *a través del valle de la sombra de la muerte* y me sacó indemne.

Incluso cuando no lo parece, ¡YHWH está con nosotros!

Por esta razón, incluso cuando las tumultuosas tormentas de la vida parecen levantarse sobre nosotros de la misma manera, lobos feroces se elevan sobre ovejas vulnerables, como David, podemos exclamar:

"¡NO TEMEREMOS MAL!"

Porque estoy convencido de que la presencia de Dios que protegió a David tiene hoy el mismo poder protector.

ORAR EN EL SALMO 23

Oración # 4

Yahvé es mi Pastor,

Entonces, no estoy solo;

Yahvé es mi Pastor,

¡En piedra, esto esta escrito!

NOTES

NOTES

"Las iconografías antiguas, como emblemas y monumentos, representaban a reyes como faraón sosteniendo el frasco y el bastón".

SECCIÓN DOS

CAPÍTULO SEIS — UN CAMBIO DE PARADIGMA

"Tu vara y tu cayado me infundirán aliento" (v. 4c).

El salmista menciona tanto la vara שֵׁבֶט *(shevet)* y el bastón מִשְׁעֶנֶת *(mishenet)*. La Biblia usa estas dos palabras indistintamente.

En este caso, sin embargo, creo que el autor está haciendo una desviación de la vista del *Pastor* a la vista del *Rey-Anfitrión*. El juego de palabras sirve como un conducto para transmitir la mente del lector desde el cuidado pastoral hasta el tratamiento real.

En el capítulo uno, vimos que en el antiguo Cercano Oriente, los reyes eran considerados los pastores, protectores y jueces de su pueblo. En relación con esa noción, las iconografías antiguas, como emblemas y monumentos, representaban a reyes como faraón sosteniendo el frasco y el bastón.

Según Levítico 27:32, la palabra hebrea shevet se usa para describir la vara de un pastor, mientras que en Números 21:18, mishenet se usa para describir las varas de príncipes y gobernantes. Tu vara y tu cayado, (שֵׁבֶט, מִשְׁעֶנֶת), se consideran instrumentos reconfortantes de protección y dirección, respectivamente.

La correlación entre pastor y rey se transmite de manera más clara en esta sección del Salmo y se convierte en un argumento plausible de que la vocación del rey es proteger, guiar y cuidar a la gente incluso a expensas de su propia vida[17].

En retrospectiva, un pastor desempeña ambos roles como el que cuida tierno y amorosamente a las ovejas y el que gobierna o guía a las ovejas. Él es el Protector capaz, así como el Proveedor abundante. Por lo tanto, el Señor es simultáneamente el Pastor y el Rey-Hueste.

Las Imágenes del Banquete

Para asegurarse de que sus lectores comprendan este cambio de paradigma, David presenta la siguiente declaración como un embrague.

"Preparas una mesa delante de mí en presencia de mis enemigos" (v. 5a).

El autor ahora cambia a una segunda imagen de YHWH quien ofrece un espléndido banquete para él como Su invitado de honor.

El estricto código de hospitalidad en el Cercano Oriente obligaba a los anfitriones a ofrecer sus mejores comidas a los huéspedes, incluidos aquellos que pudieran ser enemigos. El salmista ahora está describiendo un banquete de honor que va más allá de la nutrición a un testimonio público de la alta estima de YHWH por él.

Llama la atención ver cómo ha progresado la imaginería.

---

17 David Adamo T., "Lectura del Salmo 23 en contexto africano". Verbum et Ecclesia 39, no. 1 (enero de 2018): 1–8. Dianne Bergant, Salmos 1-72, vol. 22. New Collegeville Bible Commentary, Old Testament, (Collegeville, Minnesota: Liturgical Press, [2013]), 22.

Como Pastor, el Señor conduce a verdes pastos y junto a aguas tranquilas, pero como Rey-Hueste, el Señor prepara una mesa para recibir a Sus invitados. Un pastor no pone las mesas, lo hace un rey.

De mis visitas a los sitios de excavación en Israel, una característica distintiva que distinguía los palacios de los reyes de las moradas de los plebeyos, eran los largos comedores.

Los reyes tenían muchas fiestas, y era una práctica habitual para ellos invitar a la gente común en ciertas ocasiones a cenar con los dignatarios, especialmente si querían apaciguar a la gente y evitar el alboroto.

Un día antes de la fiesta, el trato del campesino era muy inferior al del noble; en la mesa del rey, sin embargo, todos son honrados por igual.

El señor podía despreciar ferozmente al plebeyo, pero ese día, todos estaban comiendo en la misma mesa.

Los funcionarios de la Corte Real, que también podrían haber sido rivales, no tuvieron más remedio que ser amigables en presencia del rey.

"Como Pastor, el Señor conduce a verdes pastos y junto a aguas tranquilas, pero como Rey-Hueste, el Señor prepara una mesa para recibir a Sus invitados".

Salmo. 113: 7-8, reverbera la idea de que YHWH prepara una mesa para honrar a aquellos que de otra manera serían despreciados al decir:

> [7] Él levanta del polvo al pobre,
> saca al desvalido del estiércol,
> [8] para sentarlo con los príncipes,
> con los príncipes de su pueblo. (BLP)

Soy un testigo vivo de tal realidad. Quizás tú también puedas dar fe de la veracidad de este texto, basado en tu propia experiencia con el Señor. ¡Dios es bueno!

La mención de "mis enemigos" en el texto es una indicación de que la fiesta ofrecida por YHWH es más reveladora que a primera vista. Goulder observa que "la palabra צֹרֵר [(*Tsarar*) para enemigo] se encuentra en el contexto militar (Núm. 10: 9; Isaías 11:13) y sería muy apropiada para un rey". Sugiere un sentido de reivindicación.

"La razón", señala Ron Tappy, "es que esos enemigos que se burlan y provocan o fastidian a las ovejas de YHWH en realidad tienen la intención de desafiar y desafiar el poder de YHWH mismo para defenderlas".

Como se dice en el Salmo 89: 50-51, los justos sufren el oprobio de los enemigos de YHWH. Y esas burlas generalmente implican las preguntas retóricas, ¿dónde está su Dios? ¿Puede él o vendrá en su ayuda?

En consecuencia, el Rey-Hostia, de la misma manera que el Pastor proporcionó pastos verdes y aguas tranquilas para las ovejas, proporciona una mesa y una copa como sustento y un refugio seguro para su invitado de honor. Vale la pena señalar que ambas metáforas son la comida y la bebida subyacentes, lo que refuerza aún más su conexión agradable.

Además, la comida o banquete en el Salmo es una representación plausible del sellamiento de una relación de pacto entre el invitado y el anfitrión, ya que comer y beber fue el evento culminante que selló las relaciones de pacto en la antigüedad (ver Éxodo 24).

Jesús también mencionó una lujosa fiesta en el regreso del hijo pródigo, para sellar la relación de pacto patrimonial entre padre e hijo, a medida que recuperaba su filiación (Lucas 15:22).

Es posible que David esté demostrando un nivel más profundo de relación que lleva a que Dios como el Anfitrión eventualmente lo adopte - el invitado, como parientes que le daría derecho a quedarse en la casa e incluso a beneficios socioeconómicos.

ORAR EN EL SALMO 23

Oración # 5

Yahvé es mi Pastor,

Vencerá a mi enemigo;

Yahvé es mi Pastor,

¡Él es mi Superhéroe!

NOTES

NOTES

"La unción otorgaba a un príncipe la bendición divina y cierto grado de carácter sacerdotal".

CAPÍTULO SIETE — LA UNCIÓN DE IMÁGENES DE ACEITE

"Unges mi cabeza con aceite" (v. 5b).

La imagen bíblica de la unción se asocia frecuentemente con bendiciones (Sal. 45: 7; Eclesiastés 9: 8; Amós 6: 6; Lucas 7:46). En otra parte de los Salmos de las Subidas, David yuxtapone la unción de aceite una vez más con las bendiciones de Dios. En el Salmo 133: 1-3 escribe:

> ¡Qué bueno, qué agradable es
> que los hermanos vivan juntos!
> [2] Es como aceite que perfuma la cabeza,
> que desciende por la barba,
> por la barba de Aarón
> hasta la orla de su vestido;
> [3] es como rocío del Hermón
> que baja por los montes de Sión.
> Allí derrama el Señor su bendición,
> la vida para siempre. (BLP)

A estas alturas, David ha tenido experiencia de primera mano al ser ungido con aceite. Volviendo a la génesis de la historia de David, me viene a la mente cuando, ante la insistencia del pueblo, Samuel ungió de mala gana a Saúl, que tenía la altura de un rey, pero no el corazón de un rey.

Finalmente, Dios lo rechazó y envió a Samuel a Belén en busca de un nuevo rey, excepto que esta vez el rey no será elegido por humanos sino por Dios que "mira el corazón" (1 Sam. 16: 7).

Los siete hijos mayores de Isaí pasaron ante Samuel sin un "golpe". David, el octavo y el menor de los hijos, fue llamado y esta vez el Señor le dijo a Samuel: "Levántate y unge él; porque éste es uno" (1 Sam. 16:12). Samuel obedece y unge la cabeza de David con aceite, y como explica Marti Steussy, "y el Espíritu del Señor vino poderosamente sobre David desde ese día en adelante"[18].

Según Columbia Electronic Encyclopedia (Enciclopedia electrónica de Columbia) [19], la unción de David fue más que una bendición ordinaria "porque se pensaba que la unción otorgaba a un príncipe la bendición divina y cierto grado de carácter sacerdotal (posiblemente incluso divino)".

Es seguro decir que la declaración "unges mi cabeza con aceite" posiblemente se deriva de las muchas bendiciones que Dios había estado otorgando a David hasta entonces a través de una serie de eventos bien documentados en la Biblia, como su victoria contra Goliat que le valió el reconocimiento nacional heroico.

---

18 Marti Steussy J, David: Retratos bíblicos del poder. Estudios sobre personalidades del Antiguo Testamento. (Columbia, Carolina del Sur: University of South Carolina Press, 1999), 41-42.

19 Coronación." Columbia Electronic Encyclopedia, 6a ed., (Febrero de 2020), 1. Daniël Francois O'Kennedy, "Dios como sanador en los libros proféticos de la Biblia hebrea". Horizontes en la teología bíblica 27, no. 1 (Junio de 2005): 87–113.

"Cuando una oveja
sigue su propio camino
y se lesiona, más que la
curación física, la oveja
necesita restauración".

- 5

NOTES

NOTES

Además de las bendiciones, las imágenes de aceite también se pueden asociar con la curación. Las ovejas son bien conocidas por sus formas dóciles y estúpidas, que a veces les permiten lastimarse la cabeza sin darse cuenta al atravesar las cuevas o por caminos estrechos. Posteriormente, el pastor ungiría la cabeza de la oveja para aliviar y curar el dolor.

Incluso hoy, todavía ungemos a los enfermos con aceite. Como pastor, unjo a mis miembros enfermos que solicitan la unción de aceite para su enfermedad. "¿Hay alguno entre ustedes que esté enfermo?" El apóstol Santiago pide: "que llame a los ancianos de la iglesia y oren por él, ungiéndolo con aceite en el nombre del Señor" (Santiago 5:14).

Por lo tanto, el pastor, además de guiar y proveer para el cordero, también sanó al cordero.

Vale la pena señalar que el poder sanador de YHWH está conectado con la noción séptuple de *amor, misericordia, gracia, perdón, salvación, esperanza y restauración.* Porque cuando YHWH sana, Él hace todo. Él perdona, da esperanza y restaura.

Ningún mal escapa a su diagnóstico; Su estetoscopio detecta la más mínima irregularidad en los latidos del corazón. Para cualquier tipo de curación que se necesite, ya sea física, mental o espiritual, Jehová Rapha tiene el remedio.

Daniel O"Kennedy aclara que "la curación es más que una restauración física médicamente verificable; incluye una dimensión más profunda de perdón y restauración en la comunión con Dios".

Cuando una oveja sigue su propio camino y se lesiona, más que la curación física, la oveja necesita restauración. De la misma manera, cuando el Creyente, como una oveja, se extravía y resulta herido, y está a punto de causar su propia muerte, sin ningún juicio, Dios viene y unge la herida para la recuperación física y extiende Su misericordia por sanación espiritual.

CAPÍTULO OCHO — LA ABUNDANCIA DE LAS BENDICIONES REALES

"Mi copa rebosa" (v. 5c).

David ahora expresa su júbilo.

Otra fase de la restauración de Dios es el desbordamiento de Sus bendiciones para aquellos que están bajo Su cuidado. No solo Dios lo bendijo, sino que su copa se desbordó, lo que representa el excedente y la abundancia de su tremendo éxito en la vida.

Esta es una alusión a cómo las bendiciones de Dios siempre se otorgan en forma más extraordinaria y abundante de lo previsto. La realeza generosa y espléndida de YHWH, un tema, tanto en el Antiguo como en el Nuevo Testamento, se basa en Su propiedad cósmica.

Como Rey de reyes, Creador y Gobernador del universo, Él es dueño de "el ganado en mil colinas" (Sal. 50:10).

"Mía es la plata, y Mío es el oro", dice el Señor de los ejércitos (Hag. 2: 8).

Él hace que las eras se llenen de grano y las cubas rebosan de vino y aceite (Joel 2:24).

Él es el dador de "medida buena, apretada, sacudida y rebosante" (Lucas 6:38).

Como rey, Él es capaz de hacer mucho más de lo que sus súbditos podrían requerir porque está entronizado "sobre todo lo que pedimos o entendemos, según el poder que obra en nosotros" (Efesios 3:20).

Gottfried Voight[20] explica que "el rey en el sentido completo sólo puede decirse de Dios y todo rey terrenal es rey sólo en la medida en que la dignidad de Dios le sea otorgada". La realeza humana en toda su prodigalidad es sólo una imagen exigua de la realeza de Dios.

Mientras que los reinos mundanos gobiernan por ley y coacción, el reino de Dios se basa en el amor y el sacrificio; tales características reales le permiten exaltar a los que se humillan ante Él, dándoles más de lo que realmente merecen.

En su representación real de YHWH, David va un paso más allá en este versículo, de "no faltar" a "desbordar". Es decir, donde la visión del pastor viene con limitaciones, las imágenes reales evocan posibilidades ilimitadas de bendiciones. Creo firmemente que todo verdadero creyente puede expresar su propio júbilo en Cristo como su Rey.

"Ciertamente el bien y la misericordia me seguirán todos los días de mi vida" (v. 6a).

La palabra misericordia en hebreo es חֶסֶד (*hessed*), que también se puede traducir como "bondad amorosa".

---

20 Gottfried Voigt, "El Cristo que habla en su oficina real". Concordia Theological Monthly 23 (1952): 161–75. Babatunde Ogunlana A., "La compasión de Dios en Jonás como motivación para la misión cristiana". BTSK Insight 15, no. 2 (Octubre de 2018): 172–200.

Y el verbo hebreo para "seguir" en este verso es רָדַף (*radaf*) que significa perseguir. Esa es una palabra bastante aguda que se usa para describir la bondad amorosa de Dios. Esta es la misma palabra que se usó cuando José le ordenó al mayordomo de su casa que "siguiera" a sus hermanos y "los alcanzara" (Génesis 44: 4). Este lenguaje sugiere una retrospección del viaje de la vida de David donde recuerda cómo la misericordia de Dios lo acompañó y envolvió bajo la presión de la persecución.

A lo largo de su vida, David experimentó la misericordia implacable de Dios (חֶסֶד) numerosas veces a través de una serie de eventos imprevistos que requirieron el atributo de paciencia de YHWH.

Él era un hombre de guerra y bajo la afilada hoja de su espada muchos perecieron, lo que resultó en que Dios le prohibiera construir el Templo (1 Cr. 28: 3).

Y más tarde, durante quizás el segundo evento más conocido en la vida de David: su relación adúltera con Betsabé, se habrían cometido una gran cantidad de pecados para necesitar aún más la misericordia de Dios para con él (ver 2 Sam. -27). En su contrición y lamentación por esta maldad, David clama a Dios: "Ten misericordia de mí, oh, Dios, según כְּחַסְדֶּךָ (*ke · chas · de · cha*)", que significa "tu bondad amorosa" (Sal. 51: 21). Por lo tanto, David entendió con bastante claridad la búsqueda incesante de la misericordia de Dios cuando utilizó el verbo *radaf*.

La compasión de YHWH es uno de Sus atributos más convincentes. Se niega a dejarnos ir. Es Su compasión lo que nos atrae hacia Él. Su constante perdón inmerecido nos obliga a entregarnos a Él. Volvemos nuestro corazón hacia Dios porque Él es muy atento y considerado con nosotros. Amamos a Dios porque Él nos amó primero. Su vergonzosa muerte en la cruz en nuestro lugar nos persuade de su amor y misericordia por nosotros. De hecho, todos somos beneficiarios de su implacable misericordia de la que deriva nuestra salvación.

Babatunde Ogunlana dice brillantemente que "la paciencia de Dios significa que Él aguanta y retiene el juicio sobre el pecado para dar tiempo a los pecadores para responder. La paciencia es misericordiosa porque los que responden correctamente se salvan".

Dios es un Dios justo y juzga a todos en consecuencia. Sin embargo, es tan misericordioso como justo. Por lo tanto, David está agradecido por la bondad amorosa de YHWH y está persuadido de que esa compasión continuará extendiéndose hacia él debido a la naturaleza inmutable de YHWH como su Rey.

"Se creía que mientras
el Templo permaneciera,
y el nombre de
YHWH fuera
invocado en el Templo,
sería inviolable y la ciudad
infalible".

NOTES

NOTES

CAPÍTULO NUEVE — EN GRATITUD AL REY

"Y en la casa del Señor habitaré para siempre" (v. 6b).

En agradecimiento al Rey-Hueste, David ha prometido morar en Su casa para siempre.

David siempre ha expresado su alegría por la casa del Señor. "Me alegré", grita David, "cuando me dijeron: 'Vamos a la casa del Señor'" (Sal. 122: 1). Pero ahora no desea simplemente ir al templo para el servicio; más bien, desea habitar allí para siempre.

Los eruditos no están todos de acuerdo con el significado del versículo 6b. De hecho, algunos argumentos relacionados con esta parte del versículo son bastante contrastables.

Por ejemplo, Amado sugiere que esta imaginería alude a la cultura de culto de Mesopotamia, donde, en el templo de su dios, los adoradores habían dedicado estatuas a sus dioses, simbolizando su presencia continua ante esos dioses garantizando su seguridad, bondad y paz divinas[21].

---

21 David Adamo T., "Lectura del Salmo 23 en contexto africano". Verbum et Ecclesia 39, no. 1 (enero de 2018), 1–8. Ron Tappy E, "Salmo 23: Simbolismo y estructura". The Catholic Biblical Quarterly 57, no. 2 (abril de 1995), 255–80.

"Habitar en la casa del Señor" también se asemeja a la teología de la inviolabilidad en Jerusalén en la época de Jeremías, cuando el Templo era un símbolo de seguridad. Se creía que mientras el Templo permaneciera, y el nombre de YHWH fuera invocado en el Templo, sería inviolable y la ciudad infalible. Por lo tanto, todo adorador deseaba morar en el templo. Es muy posible que el salmista conociera bien esa noción.

Tappy va en una dirección diferente al decir que David no está sugiriendo en ninguna parte que se dedicaría a servir sus días en el sacerdocio del templo. La declaración es más bien una referencia idiomática al templo de YHWH, basada en la estructura de parentesco de la sociedad israelita a nivel local, donde la casa del padre (apuesta. Ab) constituye la unidad subyacente de la organización de la aldea. Vivir en la casa de un padre terrenal, ya sea que ese título se haya adquirido de forma biológica, matrimonial o incluso mediante una adopción ficticia, significaba compartir el patrimonio o la herencia de esa familia.

Aunque ambos argumentos, independientemente de cuán diametralmente opuestos puedan ser, son plausibles, tiendo a inclinarme hacia el último. Personalmente me identifico con el argumento de Tappy basado en su enfoque paternalista.

Vivo lejos de mi padre biológico desde que era adolescente. No porque sea un padre indolente, o porque haya algún problema en la familia, sino más bien por las incómodas circunstancias de la vida. (Quizás me explayaré sobre eso si alguna vez escribo una autobiografía). Desde que he estado viviendo lejos de mi padre biológico todos estos años, mientras crecía, tuve muchas figuras paternas en mi vida. Llegaron en varias etapas de mi vida.

Pero hay una figura paterna en particular con la que estoy cerca hasta el día de hoy. Aunque nunca me adoptó legalmente, somos una verdadera familia. Siempre que visito su casa, ya sea que me quede dos semanas o dos meses, me tratan como a una familia. ¡No se requieren pagos! Cómo vive él, yo vivo. Lo que come, yo como. Donde él se queda, yo me quedo. ¡Su casa, mi casa!

En mi caso, no llega tan lejos como propone Tappy en cuanto a que la filiación es parte del "patrimonio o herencia de la familia", ni lo busco; sin embargo, en lo que a él y a mí respeta, somos padre e hijo. Es una filiación ficticia, pero filiación, no obstante.

Consideremos ahora brevemente las palabras "para siempre." Las palabras hebreas traducidas aquí como para siempre son לְאֹרֶךְ יָמִים (lə · 'ō · reḵ yā · mîm, leído de derecha a izquierda) que podría traducirse como "duración de tiempo o duración de días".

Lo que vale la pena notar, aquí, es que no se especifica el período de tiempo. Aunque se traduce como "para siempre", muy bien podría significar cualquiera por el resto de sus días o la eternidad o ambos. En cuyo caso, el argumento de Tappy funciona mejor porque David no puede "morar" físicamente en el templo por "la eternidad".

Volviendo a mi escenario personal, mi padre ficticio sigue siendo un padre para mí para siempre, es decir, durante la duración de sus días aquí en la tierra, mientras que, por otro lado, he sido injertado en la familia para siempre, o incluso más allá de la duración de mi vida sus días.

En ese contexto, David puede estar transmitiendo su filiación a través de la adoración.

Cuando los creyentes adoran a Dios en la iglesia, reconocemos que la presencia de Dios está allí con nosotros en la atmósfera. Sabemos esto porque el Salmo 22:3 nos dice que YHWH está "entronizado en las alabanzas" de Su pueblo. David también lo sabía; escribió el Salmo 22. Usando la frase "morando en la casa del Señor para siempre", David podría estar refiriéndose a la presencia espiritual permanente de YHWH durante la adoración corporativa en el templo terrenal, que es un precursor de la presencia física siempre duradera de YHWH en el cielo.

Además, fuimos hechos para adorar a Dios (Is. 43:7) y la Biblia deja en claro que somos el Templo de Dios (1 Corintios 3:16-17); una vez que permanezcamos en una relación de convenio con Dios, moraremos en Su presencia, perpetuamente. Dondequiera que estemos, ya sea en el tabernáculo terrenal o celestial, la omnipresencia de YHWH permanece en y con todos nosotros, para siempre.

"Para siempre" sugiere además una herencia eterna. Como Rey-Anfitrión, YHWH prepara un lujoso banquete en honor de David para hacer pública su relación de pacto. En forma de banquete público, la recepción inicial también significa que ha sido aceptado y adoptado en la familia de YHWH. A través de esta adopción, David es inmediatamente heredero de una herencia eterna que puede disfrutar en sus días aquí en la tierra, y en su vida futura después de su resurrección en la Segunda Venida del Rey Mesías.

En última instancia, la progresión de la relación de David con YHWH, desde las imágenes del divino pastor atento hasta el Rey-Anfitrión, sugiere que David es totalmente aceptado a través de la "adopción espiritual" en la estructura de parentesco del término sociológico *bet-ab* (la casa del padre).

Ya sea que se adopte el punto de vista de Amado o Tappy, la evidencia concluyente en el Poema exhibe que David está tan complacido con el tierno cuidado y el tratamiento real de YHWH que promete permanecer en la presencia de su Rey-Hueste paterno por el resto de sus días, aquí en la tierra y en la vida futura.

Esta es una buena noticia para los creyentes, especialmente aquellos que son huérfano de padre, para saber que ellos, también, pueden ser adoptados espiritualmente en la familia real de YHWH también.

Aquellos que adoran a Dios en espíritu y en verdad son, de hecho, hijos de Dios.Cuando moramos en la presencia de YHWH a través de la adoración, sentimos un sentido de pertenencia en la comunión de los hijos de Dios, y Su presencia nos rodea completamente como un seto de protección, manteniéndonos a salvo de los intrusos. Como hijos de YHWH, nuestra adopción no expira después de 18 años o cuando estamos casados, es para siempre. Así, como David, nosotros también podemos morar en la casa del Señor, para siempre como Sus hijos y hijas a través de nuestra adoración.

ORAR EN EL SALMO 23

Oración # 6

Yahvé es mi Pastor,

La Esperanza de mi gloria;

Yahvé es mi Pastor,

Siempre nuestra relación durará

NOTES

NOTES

SECCIÓN TRES

RESUMEN

El Salmo 23 es el salmo más conocido de todo el Antiguo Testamento tanto por cristianos como por no cristianos. Por lo general, se recita en momentos de angustia y como parte del culto litúrgico.

A diferencia de la metáfora del Pastor, la metáfora del Rey-Hostia a menudo se olvida o se omite por completo en el Poema. Muchos escritos académicos se enfocan en la metáfora del Pastor mientras descuidan u omiten las imágenes del Rey-Hostia.

La autoría está escrita en superíndice para David, quien fue pastor y rey. David escribió el Poema en la perspectiva de una oveja y no del pastor. Él comienza el Salmo con una exclamación, "YHWH es mi pastor", que sirve como motor para todo el Salmo.

David usa la metáfora del pastor, ya que el pastoreo jugó un papel central en el antiguo Israel y el lector habría imaginado al pastor cuidando las ovejas y guiando al pueblo. En el antiguo Cercano Oriente, los dioses y los reyes también eran considerados pastores.

La imaginería bucólica y colorida del Poema muestra al Pastor como un buen pastor que solo conduce a sus ovejas a verdes pastos para pastar y rumiar, y a aguas tranquilas que sacian su sed. En esa mentalidad, David expresa: "nada me faltará", para decir que YHWH provee para todas sus necesidades.

Como se mencionó anteriormente, Clines señala que, si bien no está mal traducir אֶחְסָר: (*querer*) en tiempo futuro, una mejor traducción sería "No me falta", ya que el autor está expresando su estado actual.

YHWH, el Pastor, no guía a las ovejas por senderos rectos solo para salvar Su reputación, sino porque eso es lo que Él es. Su carácter no le permitiría hacer otra cosa. Incluso cuando las ovejas se descarrían y son heridas, el Pastor las devuelve a la condición ideal. Él está tan preocupado por las ovejas que se pierden como por las que no lo están.

La gente aprende principalmente a través de la experiencia; y a partir de la matriz de la propia experiencia de David con las ovejas, confía en el Pastor por el hecho de que no lo conduciría por un camino donde no había estado antes.

Por lo tanto, aunque caminaría por cualquier callejón oscuro o experimentaría algún nivel de maldad, no teme situaciones tan desesperadas porque la presencia de Dios, su Pastor, está con él.

En el versículo 4c, David usa dos palabras "vara y cayado" que podrían usarse indistintamente; excepto en el versículo 5a, David presenta otra persona del Pastor, comparándolo con un Rey-Hueste que prepara una mesa en honor de David en presencia de sus enemigos.

El juego de palabras abre la posibilidad de intencionalidad por parte de David, que tal vez pretendía que sus lectores noten el cambio de paradigma en el Salmo.

La mención de una mesa puesta para David en presencia de sus "enemigos" sugiere una señal de juicio sobre los enemigos de YHWH, el Rey-Hueste, que se burla de Sus seguidores preguntando: "¿Dónde está tu Dios?"

Por lo tanto, YHWH prodiga a David, Su invitado, con una comida como señal de honor y alianza, dejando saber a los enemigos que el Rey está listo para defender y proteger a Su súbdito a toda costa. En agradecimiento al Rey-Hueste, David promete ser siempre leal a YHWH y nunca dejar Su vista, prometiendo morar en Su casa para siempre.

CONCLUSIÓN

En el Salmo 23, no se representan dos YHWH diferentes, sino más bien el mismo Dios cuya gloria llena todo el cosmos, y que aún es capaz de hacerse tan diminuto simultáneamente para que pueda habitar en cada uno de nuestros corazones, por lo tanto "Emmanuel Dios con nosotros.

Es cierto que el rol o título de "pastor" se usó para describir el rol de los líderes y su relación con las personas a su cargo; sin embargo, el trabajo de pastor era un trabajo humilde.

Si bien el pastoreo era un trabajo humilde, ser pastor era un ministerio íntimo, en parte debido a los largos períodos que los pastores pasaban en compañía de sus ovejas.

Por lo tanto, Cristo vino a esta tierra y se humilló a sí mismo como nosotros, sus ovejas, para poder salvarnos. Y a través del Espíritu Santo, puede pasar eones con nosotros.

Por esta razón, Él ha prometido no dejarnos ni desampararnos nunca y estar siempre con nosotros sin importar las circunstancias (Mat. 28:20; Jn 14:18).

Jesús conoce todas nuestras necesidades. Podemos confiarle para donde sea y con Jesus podemos ir con seguridad.

Cristo es el Pastor manso y humilde y, sin embargo, también es el Rey alto y poderoso. Es en esta mentalidad que David exclama: "¡Nada me faltará!"

Este lenguaje no sugiere mera prosperidad material como algunos pueden concluir, sino que ofrece beneficios espirituales inconmensurables que solo se encuentran en Jesús.

David pasa a propósito de la metáfora del pastor a la imaginería real, mientras que la visión del pastor parece inadecuada y limitada, ofrece la metáfora del rey y la hueste poder infinito y posibilidades de bendiciones.

El Salmo 23 es una buena noticia para el creyente. El que ha aceptado a Jesucristo como su Señor y Salvador, puede hacer lo mismo que David.

Jesús se etiqueta a sí mismo como el "Buen Pastor", pero también como "Rey de reyes" y "Señor de señores". Estos atributos son reconfortantes porque ofrecen una sensación de seguridad que no se encuentra en nadie más.

Las metáforas correlativas empleadas en el Poema presentan a Dios como verdaderamente el Alfa y la Omega. El autor comienza con YHWH "YHWH es mi pastor (v. 1) y termina con YHWH" habitaré en la casa de YHWH (v. 6) para formar una hermosa inclusio, retratando al Señor como su todo en todo.

La descripción de YHWH progresa de Pastor a Rey.

Las premisas basadas en la fe establecidas en el Salmo, a través de imágenes reales, nos convencen de que nosotros también podemos confiar en la capacidad de YHWH como nuestro Rey en cada situación, por la razón de que no hay límite para Su poder dispensador.

A la luz de los eventos actuales que están sucediendo en todo el mundo, es decir, la pandemia COVID-19 que asola el mundo; los disturbios políticos en muchas partes del mundo; y el cumplimiento de los eventos de los Últimos Días como se predice en Mateo 24 y en otras partes de la Santa Biblia; se nos recuerda que el Señor es nuestro Pastor y que está con nosotros incluso en estos tiempos oscuros.

A medida que pasa el tiempo, aún más maldad caerá sobre el mundo. Al ritmo de los sucesos de catástrofes recientes, es inevitable que el estado del mundo empeore antes de experimentar la paz permanente a través del reinado eterno de nuestro Pastor-Rey, Jesucristo.

Mientras tanto, en lugar de caer en una parálisis perenne causada por el miedo, mantengamos las promesas de Dios, como la que le hizo a Josué en Deut. 31:8, El Señor mismo marchará al frente de ti y estará contigo; nunca te dejará ni te abandonará. No temas ni te desanimes" (NVI).

No tengas miedo; No te desanimes."

Por tanto, ¡no temamos ningún mal!

¡Ni ahora, ni nunca!

"Porque Dios no nos ha dado espíritu de temor, sino de poder, de amor y de dominio propio" (2 Timoteo 1: 7).

Puede que no sepamos lo que nos depara el futuro, pero estamos seguros de que YHWH agarra el futuro.

Él tiene el control y tiene un plan perfecto.

¡Nos duele, pero esperamos! ¡Lloramos, todavía nos regocijamos!

Porque el llanto puede durar toda la noche, pero a la mañana vendrá el grito de alegría (Sal. 20:5, LBLA).

Por lo tanto, como ovejas pastoreadas por YHWH, sabemos que Él está presente entre nosotros a través del Espíritu Santo, aunque no podamos verlo.

Además, en adición a Su presencia espiritual permanente, confiamos en la promesa de que Cristo pronto establecerá Su Reino Mesiánico físico que durará para siempre; y TODOS los que verdaderamente lo aman y confían en Él hasta el final, por fin lo contemplarán cara a cara y morarán armoniosamente en Su casa para siempre.

¡Qué día de regocijo será ese!

¡Así sea! ¡Ven, Señor Jesús! ¡Amén!

ORACIONES / POEMA SOBRE EL SALMO 23:

Oración / Estrofa # 1

Yahvé es mi Pastor,
El es todo lo que necesitaré;
Yahvé es mi Pastor,
Siempre, no me inquietaré.

Oración / Estrofa # 2

Yahvé es mi Pastor,
Mi carga ha sido transportada;
Yahvé es mi Pastor,
No estoy preocupado por nada.

Oración / Estrofa # 3

Yahvé es mi Pastor,
Él es mi Esperanza y mi Estancia;
Yahvé es mi Pastor,
Y solo Él, siempre, sera mi Guía.

Oración / Estrofa # 4

Yahvé es mi Pastor,
Entonces, no estoy solo;
Yahvé es mi Pastor, ¡En piedra, esto esta escrito!

Oración / Estrofa # 5

Yahvé es mi Pastor,
Vencerá a mi enemigo;
Yahvé es mi Pastor,
¡Él es mi Superhéroe!

Oración / Estrofa # 6

Yahvé es mi Pastor,
La Esperanza de mi gloria;
Yahvé es mi Pastor,
Siempre, nuestra relacion durará.

BIBLIOGRAFÍA

Adamo, David T. "Lectura del Salmo 23 en contexto africano". Verbum et Ecclesia 39, no. 1 (enero de 2018): 1–8.

Bergant, Dianne. Salmos 1-72: Volumen 22. Nuevo comentario bíblico de Collegeville. Viejo Testamento. Collegeville, Minnesota: Liturgical Press, 2013.

Blasa, Erwin y Clarence Marquez. "Hacia una espiritualidad de 'pastor': la aplicación de la imagen de la oveja y el pastor en el Salmo 23 a la formación del seminario en Filipinas". Philippiniana Sacra 45, no. 135 (Septiembre de 2010): 610–70.

Clines, David J. A. "El Señor es mi pastor en el este y sureste de Asia". Sino-Christian Studies 1 (junio de 2006): 37–54.

Coronación." Columbia Electronic Encyclopedia, 6.a edición, febrero de 2020, 1. Goulder, Michael. "David y Yahweh en los Salmos 23 y 24". Revista para el estudio del Antiguo Testamento 30, no. 4 (Junio de 2006): 463–73.

Gunkel, Hermann. Los salmos: una introducción de forma crítica. Tubinga: Fortress Press, 1967.

Keller, Phillip W. Una mirada de pastor al salmo 23. Grand Rapids, MI: Zondervan Publishing House, 1970-71.

Klingbeil, Martin G. "Salmo 23". Comentario Bíblico Internacional Adventista del Séptimo Día [impreso].

Mayes, James L. Psalms-Interpretation-A Bible Commentary for Teaching and Preaching. John Louisville: Knox Press, [1994].

Muthunayagom, Daniel Jones. "La imagen de Dios como Rey y la naturaleza de su poder en el Antiguo Testamento". Foro Teológico de Bangalore 41, no. 2 (2009): 29–48.

Nel, Philip J. "Yahweh es un pastor: metáfora conceptual en el Salmo 23". Horizontes en la teología bíblica 27, no. 2 (Diciembre de 2005): 79–103.

O'Kennedy, Daniël Francois. "Dios como sanador en los libros proféticos de la Biblia hebrea". Horizontes en la teología bíblica 27, no. 1 (Junio de 2005): 87-113. Steussy, Marti J. David: Retratos bíblicos del poder. Estudios sobre personalidades del Antiguo

Testamento. Columbia, S.C.: University of South Carolina Press, 1999. 40-41.

Ogunlana, Babatunde A. "La compasión de Dios en Jonás como motivación para la misión cristiana". BTSK Insight 15, no. 2 (Octubre de 2018): 172–200.

Steussy, Marti J. David: Retratos bíblicos del poder. Estudios sobre personalidades del Antiguo Testamento. (Columbia, Carolina del Sur: University of South Carolina Press, 1999), 41-42.

Tappy, Ron E. "Salmo 23: Simbolismo y estructura". The Catholic Biblical Quarterly 57, no. 2 (Abril de 1995): 255–80.

Thorpe, Jacqulyn Brown. "Salmo 23: Una remezcla". Revista de Pensamiento Religioso 59/60, no. 1/2, 1 (enero de 2006): 165–79.

Voigt, Gottfried. "El Cristo que habla en su oficio real". Concordia Theological Monthly 23 (1952), 161–75.

Wilson, Gerald H., The NVI Application Commentary, Salmo Vol. 1, (Zondervan, Grand Rapids, MI, 2002), 434.